AF562720

12 avril 1866

CATALOGUE

D'UNE JOLIE COLLECTION

DE

MAJOLIQUES ITALIENNES

Des Fabriques de Gubbio, Della-Robbia, Urbino, Castel-Durante, Venise, Faënza, Savone ;

Belle réunion de PLAQUES & PLATS encadrés de CASTELLI ;

OBJETS D'ART & DE CURIOSITÉ

Marbres, Bronzes et Cuivres repoussés, Objets en fer forgé, Cabinets italiens, Meubles sculptés, Terres Cuites, Verrerie de Venise ; etc. ;

PROVENANT

DU CABINET DE M. DELSETTE DE BOLOGNE

DONT LA VENTE AUX ENCHÈRES PUBLIQUES AURA LIEU

HOTEL DROUOT, SALLE N° 1

Le Jeudi 12 Avril 1866, à une heure et demie.

Me **DELBERGUE-CORMONT,** Commissaire-Priseur, rue de Provence, 8,

Assisté de **M. DHIOS,** Expert, rue Le Peletier, 33,

Chez lesquels se distribue le présent Catalogue.

EXPOSITION PUBLIQUE

Le Mercredi 11 Avril 1866, de une heure à cinq heures.

PARIS

RENOU & MAULDE

IMPRIMEURS DE LA COMPAGNIE DES COMMISSAIRES-PRISEURS

Rue de Rivoli, 144.

1866

CATALOGUE

D'UNE JOLIE COLLECTION

DE

MAJOLIQUES ITALIENNES

Des Fabriques de Gubbio, Della-Robbia, Urbino, Castel-Durante, Venise, Faënza, Savone ;

Belle réunion de PLAQUES & PLATS encadrés de CASTELLI ;

OBJETS D'ART & DE CURIOSITÉ

Marbres, Bronzes et Cuivres repoussés, Objets en fer forgé, Cabinets italiens, Meubles sculptés, Terres Cuites, Verrerie de Venise ; etc. ;

PROVENANT

DU CABINET DE M. DELSETTE DE BOLOGNE

DONT LA VENTE AUX ENCHÈRES PUBLIQUES AURA LIEU

HOTEL DROUOT, SALLE N° 1

Le Jeudi 12 Avril 1866, à une heure et demie.

Me DELBERGUE-CORMONT, Commissaire-Priseur, rue de Provence, 8,

Assisté de **M. DHIOS,** Expert, rue Le Peletier, 33,

Chez lesquels se distribue le présent Catalogue.

EXPOSITION PUBLIQUE

Le Mercredi 11 Avril 1866, de une heure à cinq heures.

PARIS

RENOU & MAULDE

IMPRIMEURS DE LA COMPAGNIE DES COMMISSAIRES-PRISEURS

Rue de Rivoli, 144.

1866

CONDITIONS DE LA VENTE

Elle se fera au comptant.

Les adjudicataires paieront CINQ centimes par franc, applicables aux frais.

DÉSIGNATION

TABLEAUX-PLAQUES

ANCIENNE FABRIQUE DE CASTELLI

1 — Une très-belle plaque offrant le Triomphe d'Amphitrite. Amours et nymphes. Belle composition, bel émail. Cadre italien sculpté et doré.

2 — Une belle plaque présentant une Ivresse de faunes. Belle de dessin et d'émail.

3 — Quatre magnifiques plaques présentant des scènes de la vie de l'Enfant prodigue, remarquables par la beauté de l'émail et la manière heureuse dont elles sont traitées. Beaux cadres imitant l'ébène et dorés. Seront vendues séparément.

4 — Une plaque. Jésus et la Madeleine, au-dessous une inscription. Joli cadre italien à fronton sculpté et doré.

5 — Un ancien carreau orné par un blason soutenu par des anges. Cadre noir et or.

6 — Une belle plaque d'une grande dimension. La Circoncision, composition très-ornée de personnages. Cadre ébène avec filet de cuivre.

7 — Deux très-belles plaques. Paysages et ruines; au premier plan, deux personnages. Ces deux plaques formant pendant sont d'une grande beauté d'émail et de composition. Cadres noir et or.

8 — Une plaque ornée de personnages dans un paysage. Jeune Fille couronnée par un Berger. Idylle. Encadré.

9 — Une grande plaque offrant l'Elévation de la Vierge. Très-ancienne fabrique. Dans son cadre.

10 — Plaque offrant une Apparition de la Vierge à un homme du peuple. Elle porte un monogramme et la date 1642. Cadre noir et or.

11 — Une plaque émaillée blanc, sujet en relief. Une jeune Fille offrant des présents aux vainqueurs. Pièce rare, dans son cadre sculpté.

12 — Plaque offrant la Vierge entourée par des anges. Elle porte un monogramme. Très-ancienne fabrique. Cadre noir et or.

13 — Plaque ronde. Jésus et la Madeleine, avec un entourage en faïence formant cadre. Belle d'émail et de composition.

14 — Plaque d'un émail très-fin présentant la Fuite en Egypte, dans son cadre.

15 — Une belle plaque offrant un sujet champêtre. La Collation, personnages en costumes Louis XIV; sujet gracieux. Cadre noir et or.

16 — Plaque. l'Enlèvement d'Europe. Faunes et Amours. Dans son cadre.

17 — Petite plaque carré-long. Une jeune Fille gardant ses moutons, dans un paysage finement peint. Cadre noir et or.

18 — Une autre très-petite plaque longue représentant une Bataille. Deux cavaliers. Cadre.

19 — Plaque ronde offrant un Chasseur au repos dans un paysage. Cadre noir et or.

20 — Deux plaques encadrées. Sujets rustiques.

21 — Petite plaque en forme de cœur présentant un sujet pastoral à personnages. Cadre italien à fronton.

22 — Un très-beau plat de l'ancienne fabrique de Castelli représentant une orgie dans un palais de Rome. Le marly est orné de sirènes et d'animaux jouant dans un feuillage, et d'un blason. Pièce rare et intéressante. — Diam. 41 cent. Cadre noir et or.

23 — Grand bassin rond et creux à ombilic saillant festonné et gaufré, représentant le Triomphe d'Amphitrite. Composition ornée d'un grand nombre de personnages. Belle pièce. — Diam. 41 cent.

24 — Deux charmants plateaux élevés sur piédouche représentant un sujet allégorique et mythologique très-finement peint. Les pieds sont décorés en camaïeu bleu.

25 — Un sucrier dont le couvercle est orné d'ornements découpés. Le bol sur son assiette représente un paysage.

26 — Un joli pot à crème à couvercle et à anse orné d'un paysage.

27 — Six tasses très-fines; seront vendues par deux.

28 — Charmante petite coupe profonde représentant la Toilette d'un Lazaroni. Sujet burlesque. Très-fine d'émail, dans son cadre.

29 — Une autre jolie petite coupe profonde formant pendant à la précédente, représentant une Pastorale. Dans son cadre.

30 — Une ravissante petite coupe représentant le Déjeuner d'un Seigneur en costume Louis XV. Très-finement traitée. Cadre or.

31 — Deux autres petites coupes à bords festonnés. Jolis paysages animés de personnages, très-fins d'émail.

32 — Six petites assiettes dont quelques-unes encadrées; seront vendues par deux

32 bis — Joli broc à anse formé d'un serpent décoré par des groupes de faunes, déesses et Amours; le piédouche en camaïeu bleu est décoré d'Amours. Cette pièce de Grue porte les initiales G. F.

33 — Une belle plaque ronde réprésentant Jésus demandant l'eau à la Samaritaine. Belle bordure italienne sculptée et dorée.

FABRIQUE DE GUBBIO

34 — Un très-beau plat à ombilic saillant et à bords surélevés. Au centre l'Agneau pascal. Cette pièce à reflets métalliques rouge et bleu nacré, ornée dans le style bysantin, attribuée à Maestro Giorgio, est très-remarquable et d'une bonne conservation. — Diam. 33 cent. Cadre blanc et or.

35 — Très-belle coupe à reflets métalliques rubis rouge et bleu nacré, ornée dans le style bysantin. Elle présente sur son ombilic saillant deux mains enlacées sur une flamme; au-dessus une couronne héraldique. Cadre italien bois sculpté et doré.

36 — Très-belle coupe profonde gaufrée et festonnée à ombilic saillant à reflets métalliques or argent et bleu, sur piédouche, dans un cadre italien ancien en bois noir et or. Pièce attribuée à Maestro Giorgio de Gubbio.

37 — Un plat à reflets métalliques jaune et or, à ombilic saillant et à gorge profonde, attribué à Maestro Giorgio. Bandes alternées de feuillages. Cadre blanc et or.

38 — Une petite coupe à reflets métalliques or et bleu. Ornements à arabesques.

39 — Une coupe profonde décorée en relief de rinceaux jaunes reflets clairs sur fond chamois. Au centre un cartouche bleu. Cadre noir et or.

PESARO

40 — Un grand et beau plat à reflets métalliques or et bleu. Il présente à son centre un Cavalier la lance au poing; le bord est orné de rinceaux émaillés or et bleu. — Diam. 42 cent.

41 Un autre très-grand plat décoré en couleurs, rinceaux bleus, jaunes et verts émeraude. Belle décoration d'un brillant effet. — Diam. 45 cent. Cadre noir et or.

42 — Un plat dont le fond blanc est décoré en couleurs. Il présente au centre un Cavalier richement costumé. La bordure est formée d'uu feuillage émeraude. — Diam. 40 cent. Cadre noir et or.

43 — Un plat décoré en couleurs. Au centre, dans un médaillon, Apollon. La bordure très-ornée par un double feuillage vert. — Diam. 38 cent. Cadre.

43 bis — Un très-grand plat à reflets métalliques fond vert et à feuillage en relief. — Diam. 47 cent.

44 — Un grand plat très-profond dont le centre présente Saint Martin et le Pauvre. Le bord est orné de rinceaux et d'arabesques. Diam. 42 c., dans son cadre.

45 — Un plat creux orné en couleurs, au centre Sainte Catherine de Sienne, bordure ornée de rinceaux en couleurs. Très-riche bordure italienne bois sculpté et doré. Diam 59 cent. avec la bordure.

46 — Un plat à bords saillants, très-finement peint, représentant Saint Augustin, autour de la tête l'inscription. Très-bel émail.—Diam. 33 c., cadre noir et or.

47 — Un plat décoré en couleurs; au centre sur fond jaune, un buste de jeune femme, autour de la tête une inscription: W. Maria Bonafede-g-b-e-g; le bord est orné par une couronne peinte en vert. — Diam. 38 cent.

48 — Un plat décoré en couleurs représentant la Vie de Saint Pierre. Au centre le Saint en pied. Le marly est orné de médaillons légendaires. Au revers du plat la date 1681.— Diam. 35 cent.

49 — Deux très-beaux petits vases de forme sphérique sur piédouches, finement décorés de médaillons, avec bustes, rinceaux et inscriptions, les pieds sont décorés en couleur. Pièces rares.

50 — Deux autres beaux vases élevés sur piédouches et à anses, finement décorés de médaillons et de rinceaux en couleur. Ces deux vases sont d'un bel émail et d'une grande finesse d'exécution.

51 — Une assiette décorée bleu avec ornements de feuillages et de fruits, l'envers est décoré en camaïeu bleu.

52 — Un plateau creux décoré sur fond jaune, représentant le buste d'une jeune Abbesse. Cadre noir et or.

53 — Un plat décoré en couleurs. Au centre, sur fond vert, la caricature d'un grand personnage du temps, le marly décoré de rinceaux peints en jaune sur fond bleu. — Diam. 40 cent., dans son cadre.

URBINO

54 — Un beau vase de forme cylindrique, décoré par l'image de Sainte Catherine de Sienne, représentée au milieu d'un paysage. Il porte une inscription. Cette pièce, d'une belle exécution, est d'une grande richesse de couleurs. — Haut. 35 cent.

55 — Un joli groupe, modèle de fontaine. Le pied est formé de trois Syrènes qui soutiennent sur des coquilles un Amour porté par un Dauphin. Dans la main de l'Amour est une banderolle ou se trouve l'inscription suivante, sur un côté: V. damore-n-e, 1557. E-o dadura. — Haut. 39 cent., diam., 22 c.

56 — Une jolie petite coupe à rayons se rapprochant vers le centre et décorée par l'image de Vénus en pied. Auprès d'elle est l'Amour. Cadre noir et or.

57 — Une autre charmante coupe sur piédouche à rayons gaufrés et festonnés, présentant une Déesse assise causant à un Bûcheron dans un paysage. Cette pièce est d'une grande finesse d'émail. — Diam. 26 c.

58 — Un petit plat représentant le Jugement de Pâris. Jolie composition, orné sur les deux faces, dans un cadre doré.

59 — Une coupe sur piédouche offrant une scène très-animée. Médea et Pélia, dans son cadre noir et or.— Diam. 28 cent.

60 — Un plateau décoré sur fond vert, en camaïeu vert. Un Ange et un Guerrier. Pièce rare.— Diam., 30 cent., cadre.

61 — Deux grands cornets ornés de médaillons avec portraits, rinceaux et fleurs sur fond bleu. — Haut. 30 cent.

62 — Une belle assiette présentant Caïn et Abel, bien traité et bel émail, cadre noir et or, décorée de rinceaux bleus et jaunes. — Haut. 30 cent., sur pied, en bois noir.

63 — Une belle potiche de forme ovoïde, élancée, à anses, ornée d'un médaillon et de rinceaux peints en couleur sur fond bleu.— Haut. 35 cent. Bel émail.

64 — Deux petits cornets décorés en couleurs. Un Vieillard dans un paysage.

65 — Une statuette de la Vierge, tenant l'Enfant Jésus, bel émail. Pièce très-ancienne. — Haut. 43 cent.

66 — Un grand et beau plat décoré en couleurs, sujet tiré de l'histoire romaine. 13 personnages. Très-remarquable, ancienne fabrique. — Diam. 41 cent. Beau cadre noir et or.

67 — Un charmant plateau à bords surélevés d'une grande finesse de composition et d'émail. Il représente l'Enlèvement de Proserpine. — Diam. 31 cent,

68 — Un grand et beau plat décoré en couleurs. Ce plat très-important est orné par un sujet mythologique représentant Apollon et les neuf Muses. D'une grande richesse de couleurs. — Diam. 40 c. Cadre noir et or.

69 — Un joli plateau creux à bords surélevés représentant dans un paysage près d'un rocher, un sujet de la vie de Loth et ses filles. Belle pièce. — Diam. 37 cent.

70 — Un plat très-ancienne fabrique décoré en couleurs sur fond bleu. Dans le cartouche au centre, une Déesse assise, auprès d'elle un Amour; une quantité d'Amours et d'Oiseaux ornent le plat dans son cadre noir et or.

71 — Un joli petit plateau creux très-ancien et bien orné de bandes alternées orange et bleues; au centre, une étoile.

72 — Très-beau groupe formé d'un **Faune** et d'un Amour, sujet finement traité. — **Hauteur 31 cent.**

73 — Un plat creux décoré d'un sujet représentant une grande Dame sur le seuil de son palais et consultant une sorcière. Pièce d'un bel effet.

74 — Une belle assiette: les Charmeurs de serpents Demoniani. Hommes et femmes enroulés par les Démons familiers sur le bord de la mer. — Diam. 23 c. Cadre doré.

75 — Belle petite coupe profonde gaufrée et festonnée, ombilic saillant. Ornée par le sujet de Diane surprise au bain par Actéon.

76 — Jolie coupe à piédouche bas, représentant Vénus portée par deux dauphins sur une coquille. Pâris, assis sur la berge, est en contemplation devant sa beauté. — Diam. **26** cent. Cadre.

77 — Un Limon, fruit forme bouteille, très-beau d'émail.

DELLA ROBBIA & FAENZA

78 — Deux magnifiques bustes en faïence émaillée en couleurs. Portraits historiques de jeunes femmes du XVIe siècle, en costume d'apparat. Ces bustes, d'une grande dimension, reposent sur un pied en faïence. Pièces d'un bel effet. — Haut. **90** c.

79 — Deux très-beaux médaillons de grande dimension, représentant en relief des bustes de jeunes femmes émaillés blanc sur fond bleu. Les bords sont décorés en relief par une couronne de fleurs et de fruits. — Diam. 70 c.

80 — Trois autres médaillons, bustes de jeunes femmes émaillés en blanc. Ces médaillons sont destinés à être incrustés dans un mur. Seront vendus en deux lots.

81 — Une grande et belle plaque traitée en relief. La Vierge assise tient dans ses bras l'Enfant Jésus, par une petite fenêtre on entrevoit un paysage. Cette pièce, décorée en couleurs, doit être appréciée par sa grande ancienneté et sa rareté, les bords forment encadrement. Cadre noir et or. — Haut. 44 c. Larg. 35 c.

82 — Un buste en relief représentant la Vierge et l'Enfant Jésus, par Lafrata, très-ancienne faïence dans son cadre italien. — Hauteur, avec encadrement, 62 c. Larg. 55 c.

83 — Deux vases forme Médicis, ovoïdes, sur piédouche, à goulots élancés, à anses style Louis XVI, décorés en couleurs, fleurs sur fond brun — Haut. 41 c.

84 — Deux grands vases forme ovale, à anses. Ils sont ornés de médaillons représentant des jeunes femmes, décoration en couleurs sur fond blanc, arabesques et inscriptions, pieds en faïence. — Haut. 45 c.

85 — Vases à doubles renflements, ornés de paysages et de ruines. Ils reposent sur des pieds en faïence.

86 — Un grand vase forme bouteille, sur fond blanc un beau décor : une Sainte en pied finement peinte avec inscription ; une guirlande formée de rinceaux. — Haut. 42 c.

87 — Un autre grand vase forme ovoïde, à goulot décoré d'un médaillon sur fond jaune, deux bustes enlacés ; la panse est ornée de rinceaux en couleurs ; au bas, une inscription et la date 1568. — Haut. 37 c.

88 — Une grande bouteille décorée en camaïeu bleu, une banderolle avec inscription. — Haut. 34 c.

89 — Un vase de forme cylindrique de très-ancienne fabrication, décoré en couleurs sur fond blanc ; un cartouche bleu avec tête d'hydre, dans des bandes alternées des personnages. — Haut. 31 c.

90 — Un vase de forme ovoïde, décoré en camaïeu bleu clair sur fond blanc, têtes de lions en mascarons finement peints. — Haut. 33 c.

91 — Un brasero de forme hexagone, avec rosaces à jour et caryatides.

92 — Une aiguière forme Renaissance, élevée sur piédouche, à goulot élancé et à anse, décoré d'un guerrier dans une guirlande sur fond blanc. — Haut. 35 c.

93 — Une jolie coupe jardinière reposant sur trois pieds et surélevée par trois bustes en relief, décorée en couleurs sur fond blanc, gracieuse de forme.

94 — Une aiguière et sa cuvette forme Louis XV, décorées en couleurs sur fond blanc.

95 — Une autre aiguière de jolie forme Louis XV, décorée en couleurs sur fond blanc.

96 — Une aiguière à couvercle, finement décorée de fleurs en couleurs sur fond blanc.

97 — Un très-grand bassin de forme ovale, émaillé blanc. Les anses sont formées par des syrènes, les ornements gaufrés et à bossages, mascarons. Cette belle pièce repose sur quatre pieds griffes de lions. — Long. 66 c. Haut. 29 c.

98 — Un plat rond orné en couleurs, dont le centre présente Ariane abandonnée. Le marly est formé de têtes de femmes et d'arabesques.—Diam. 32 c. Cadre noir et or.

99 — Un beau plat présentant au centre Léda et le Cygne. Le marly décoré de cygnes et d'arabesques sur fond bleu.—Diam. 29 c. Cadre.

100 — Une très-belle plaque représentant la Madeleine assise auprès d'une grotte. Cadre noir et or.

102 — Un très-beau plat décoré de couleurs : le Char de Diane traîné par des chiens. Ce plat, finement peint, est d'un bel émail. — Diam. 30 c. Cadre noir et or.

103 — Un grand plateau émaillé blanc et découpé à jour ; au centre, un saint debout, monogramme. — Diam. 38 c. Cadre noir et or.

CASTEL-DURANTE

104 — Deux beaux vases sur piédouches et à goulots surélevés, les anses sont formées par des serpents gracieusement enroulés; au-dessous, têtes de Zéphyrs en mascarons. Les vases sont ornés de médaillons avec portraits et arabesques. — Haut. 44 c.

105 — Un beau bassin rond et creux, gaufré et festonné, très-orné sur toutes ses faces; au centre, dans un médaillon, un guerrier à cheval; des cartouches dans lesquels sont peints des guerriers et des Amours décorent l'intérieur et l'extérieur. Cette belle pièce porte le monogramme du Christ et en regard la date 1567. —Diam. 37 c.

106 — Un vase à panse surélevé sur piédouche et à anses; décoration de médaillons avec portraits et d'arabesques.—Haut. 30 c.

107 — Un grand plateau décoré en couleurs sur fond blanc : sous des arcades un savant consulte ses livres.—Diam. 32 c.

108 — Une très jolie coupe sur piédouche, à bossage et festonnée; beau décor d'arabesques jaunes et bleues sur fond blanc.—Diam. 25 c.

109 — Un joli plateau élevé sur piédouche, décoré d'arabesques en couleurs sur fond blanc. — Diam. 27 c.

110 — Petite assiette à manger des œufs.

111 — Plat long ovale Renaissance; au centre, un médaillon, figure allégorique; dans des bandes alternées jaunes, des arabesques —Long. 44 c.

112 — Un autre plat ovale décoré en couleurs sur fond blanc, fleurs, fruits et oiseaux. —Long. 44 c.

113 — Charmante petite saucière Renaissance à anse, élevée sur piédouche; le versant est formé de deux têtes finement décorées. Pièce d'une belle époque, à bossages.

114 — Joli brocca forme œuf surélevé par une anse, à renflements en relief, décoré en camaïeu bleu et jaune sur fond blanc; dans un médaillon un Amour.—Haut. 27 c.

115 — Un pot de forme cylindrique, pouvant servir pour le tabac, sur un fond orange; zones en couleurs.—Haut. 20 c.

116 — Un encrier formé d'un lion décoré en couleurs, sur fond blanc.

VENISE

117 — Deux charmants cache-pots à couvercles Louis XV, à petites anses très-richement décorées, sur fond blanc, de fleurs couleurs naturelles. — Haut 20 c.

118 — Un jolit petit plat ovale, au centre un homme dans un horizon; le marly dont les ornements en couleurs sont gaufrés, forme bordure. Cadre noir et or.

119 — Un beau plateau élevé sur piédouche, festonné finement, rehaussé d'or, sur fond blanc. — Diamètre 32 c.

120 — Un charmant sucrier sur son plateau ; le couvercle grenelé est décoré de fleurs, dont une en relief forme bouton ; belle décoration de fleurs sur fond blanc.

121 — Un plat rond dont le centre présente un paysage, le marly gaufré en forme de branchage. — Diam. 32 c.

SAVONE

122 — Un grand plat rond, décoré en camaïeu bleu et présentant un concert de Nymphes ; au haut du plat le blason de la ville. — Diam. 40 c., cadre noir et or.

123 — Un grand plat décoré camaïeu bleu, présentant une Conversation de quatre seigneurs dans un paysage. — Diam. 39 c. Cadre noir et or.

124 — Autre grand plat décoré en bleu, présentant un mulsuman ; auprès de lui l'Amour musicien. — Diam. 39 c. Cadre noir et blanc.

125 — Un joli saladier gaufré et festonné, décor bleu sur fond blanc : un château fort dans un paysage, décoré extérieurement.

126 — Une belle soupière de la Régence, décorée sur fond blanc en fleurs naturelles.

127 — Deux beaux plateaux sur piédouches, de formes contournées, imitant l'émail de Chine ; décorés de paysages animés de personnages, pièces curieuses.

128 — Deux autres plus petits, de même forme et même décor.

129 — Un très-beau et grand plat, belle décoration bleue, sur fond blanc ; au centre un grand cartouche, présentant un paysage. — Diam. 40 c. Cadre noir et or.

VERRERIE DE VENISE

130 — Douze pièces de belle verroterie de Venise ; seront divisées par lots.

131 — Un beau lustre vénitien à 12 lumières, émaillé en couleurs et bien complet.

132 — Une jolie suspension, verre de Venise.

133 — Une autre même forme.

MEUBLES ITALIENS

134 — Un grand et beau coffre renaissance italienne bien fouillé, le dessus a une marqueterie du temps.

135 — Un grand cabinet italien incrusté d'ivoire. — Long. 98 c., haut 48.

136 — Un autre en ébène, incrusté d'ivoire sur toutes ses faces. — Haut. 35 c., long. 64 c.

137 — Un petit cabinet incrusté en bois de couleurs; belles ferrures du temps.

138 — Un autre très-petit, incrusté d'ivoire et de pierres dures.

139 — Une très belle pendule Renaissance, d'une grande pureté de lignes avec cadran et plaques en cuivre bien gravés, le fronton surmonté d'une jolie statuette dorée, Renaissance florentine. — Haut. 72 c., larg. 48 c.; bon mouvement de l'époque.

140 — Six chaises Louis XIII, italiennes, bois sculpté; seront vendues par deux.

141 — Deux Amours en bois sculpté, pouvant former lumières.

142 — Deux autres plus petits formant candélabres.

143 — Le Lion de Saint-Marc, bois sculpté.

MARBRES

144 — Une statuette, femme nue, marbre ancien. — Haut. 61 c.

145 — Une autre Vénus sortant du bain. — Haut. 60 c. Marbre ancien.

146 — Une fort belle statuette de la Vierge, finement traitée. — Haut. 53 c.; pied bois doré.

147 — Un buste de jeune femme, marbre antique.

148 — Médaillons bustes, avec bordure en marbre gris.

149 — Béatrix, petit buste sur pied.

CUIVRES REPOUSSÉS, FERS

150 — Un très-beau bassin, forme ovale, cuivre rouge, repoussé et gravé, à mascarons ; cette belle pièce repose sur des griffes de lion. — Long. 63 c.

151 — Une grande et belle aiguière formant fontaine, cuivre repoussé. — Haut. 58 c.

152 — Une belle lampe, suspension de grande dimension, repoussée et à mascarons, têtes d'anges.

153 — Une belle coquille Louis XV, cuivre repoussé.

154 — Deux beaux trépieds italiens, en fer forgé. — Haut., l'un 80, l'autre 72 c.

155 — Une très-belle toile de l'école vénitienne. Un festin. Ce tableau, bien peint et d'un grand effet, a sa bordure italienne en bois sculpté et doré.

156 — Bordures et consoles italiennes; seront vendues par lots.

157 — Une très-belle terre cuite italienne, l'Élévation de la Vierge. Cadre bois sculpté et doré.

Renou et Maulde, imprimeurs de la Compagnie des Commissaires-Priseurs, rue de Rivoli, 144. 51293

www.ingramcontent.com/pod-product-compliance
Lightning Source LLC
LaVergne TN
LVHW010249230826
846091LV00007B/2877

* 9 7 8 2 3 2 9 5 5 4 4 2 6 *